D'Angelo AZIONE POETICA

COLONNA SONORA

Canzone composta sulla base della poesia "Agua dulce en el mar"
composta e scritta da D'Angelo

PRIME FERMATE

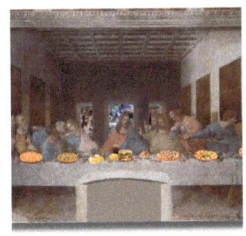

1.

IPOCRISIA

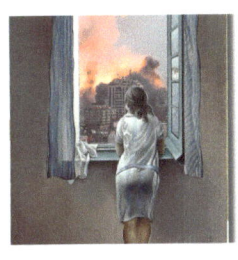

2.

SAPORE DI GUERRA

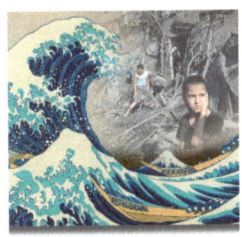

3.

TSUNAMI DI MORTE

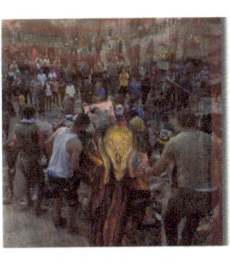

4.

L'URLO DEL SILENZIO

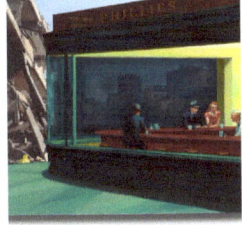

5.

DICOTOMIA

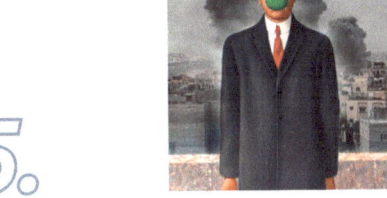

6.

LE BUGIE DEL PRIMO MONDO

L'ULTIME FERMATE

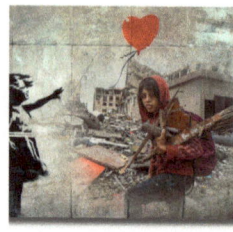 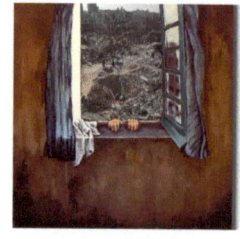

ALIENAZIONE 7.   RIMPIANTI 8.

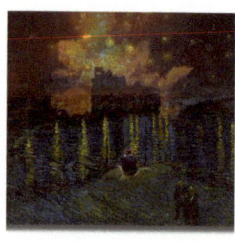

9.

LA SUA RIVA
BRUCIA

INIZIA IL VIAGGIO

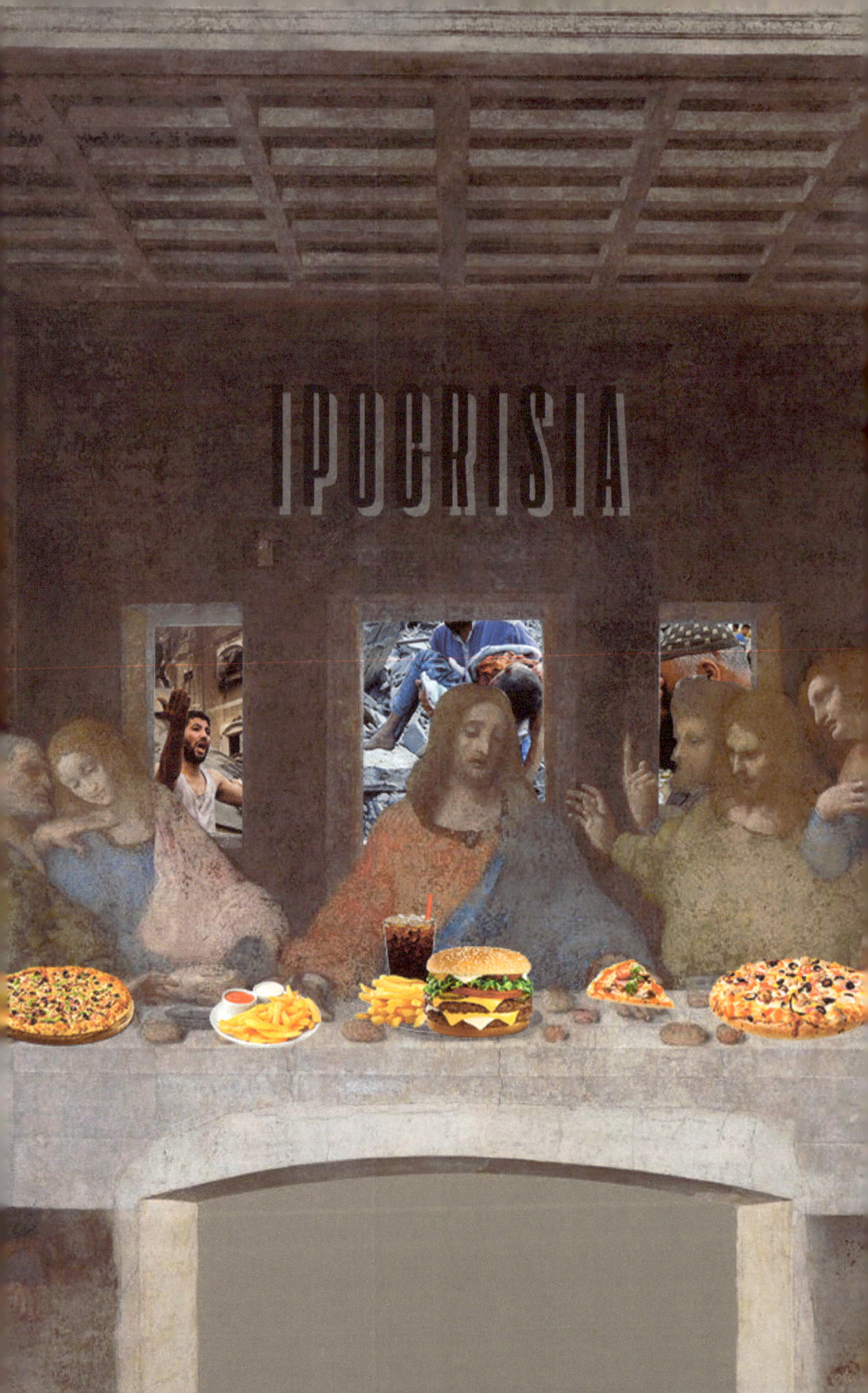

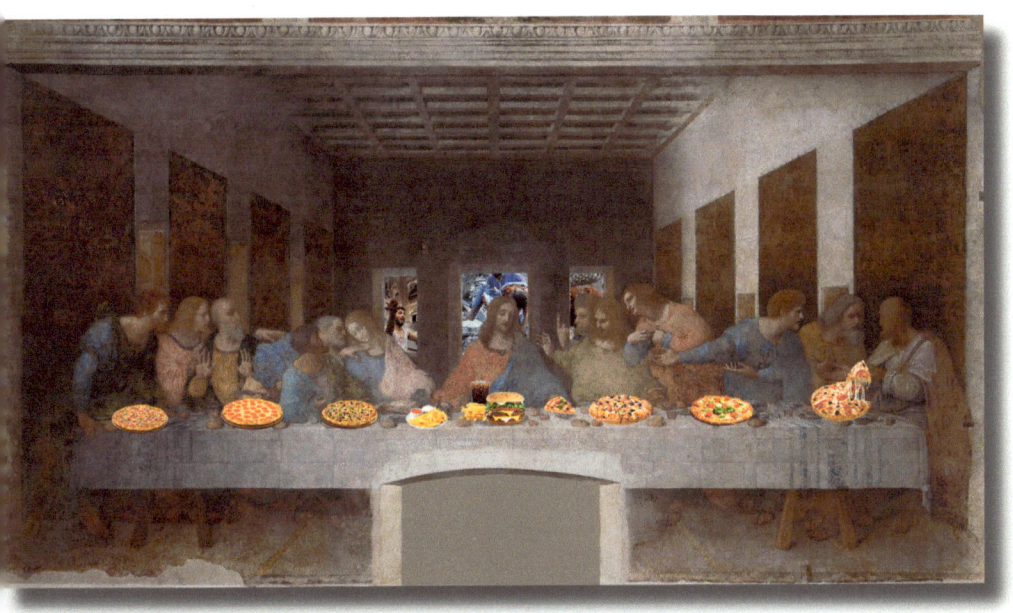

N°1.

*Mentre pochi (troppi) condividono il pane, festeggiano, pregano, si divertono con le vanità, alle loro spalle la morte colpisce molti.
L'essere umano ha imparato a guardare avanti (quando vuole) lasciandosi alle spalle ciò che non gli piace.
Rimorso di coscienza?
Quando esiste l'ipocrisia, la coscienza sverna senza data di scadenza.*

———

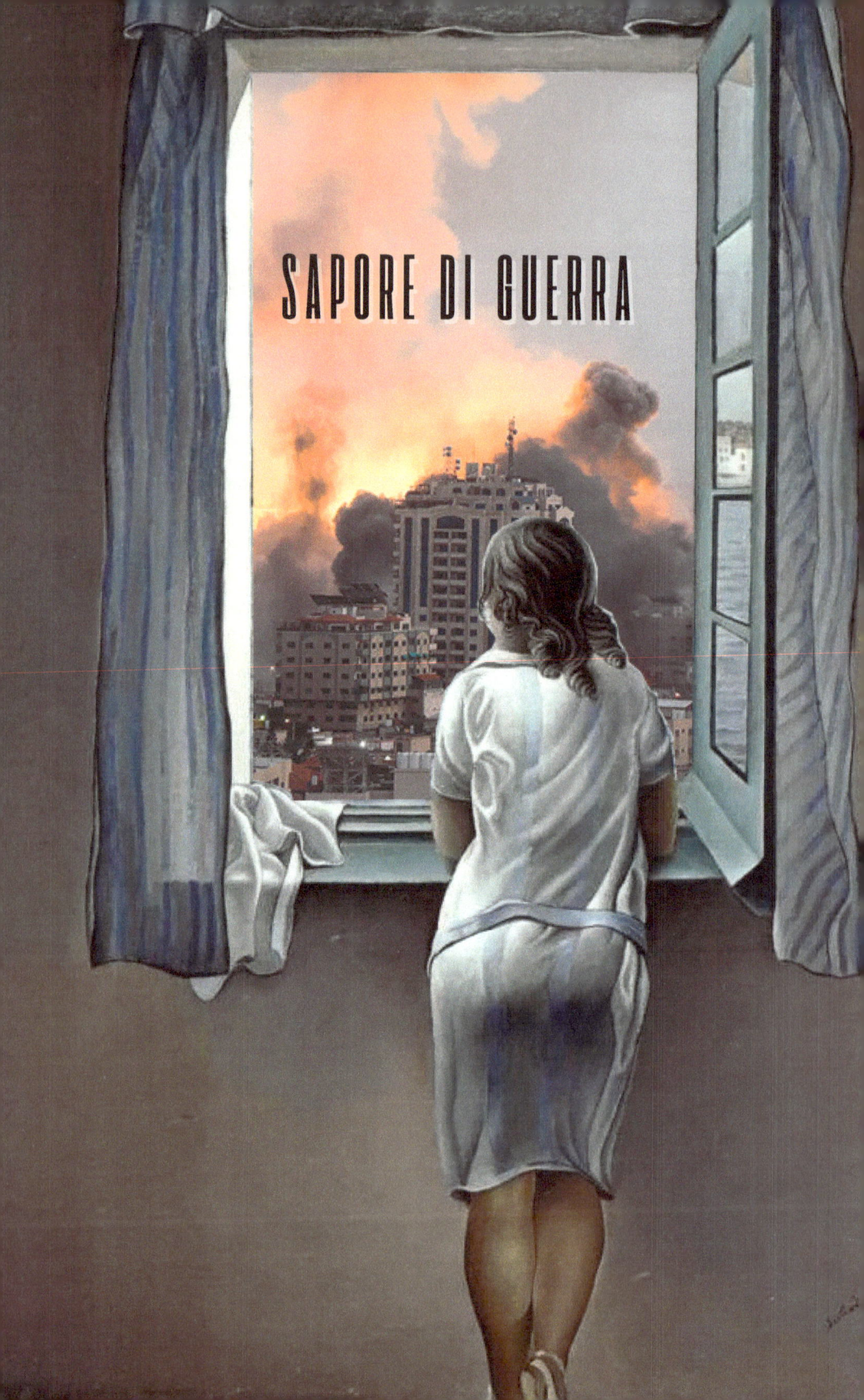

D'Angelo AZIONE POETICA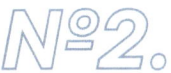

SAPORE DI GUERRA

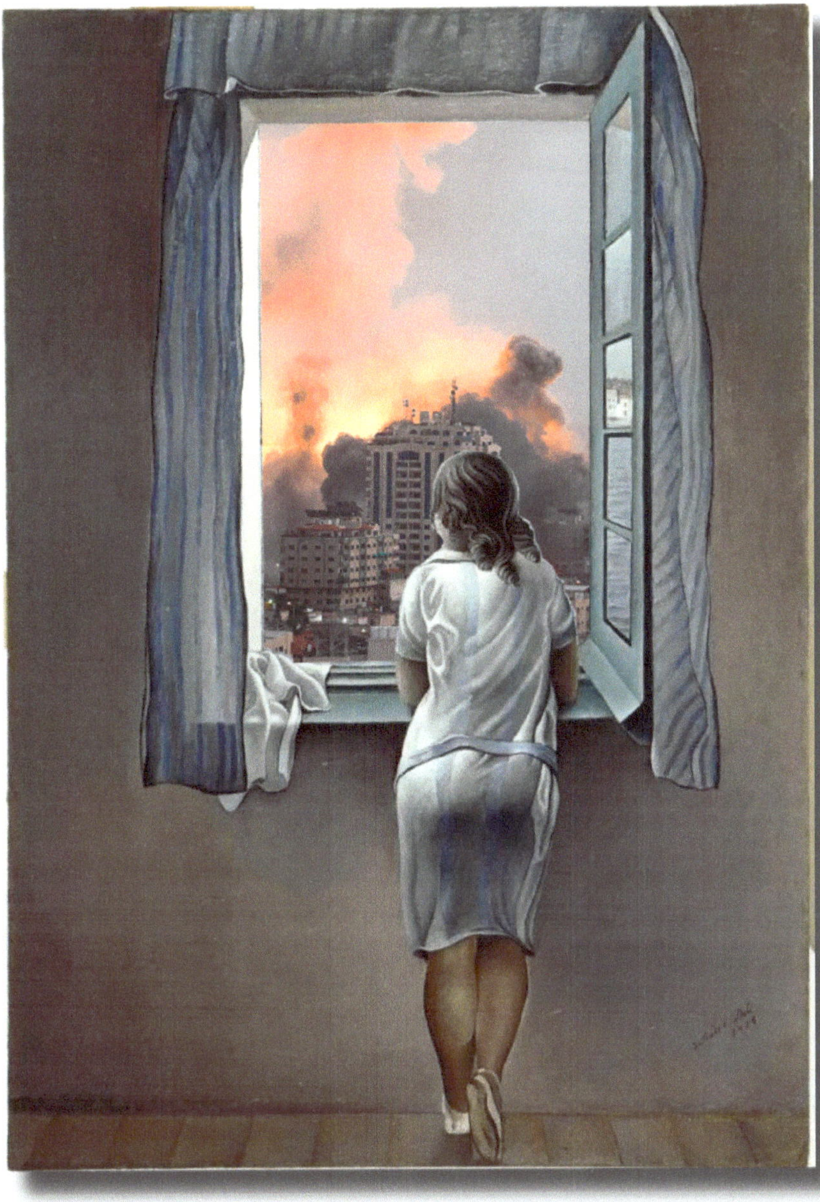

Ogni mattina guardo fuori dalla finestra una città distrutta, nell'anima, mentre sorseggio il mio cappuccino, con la sua meravigliosa schiuma. Tu, invece, respiri il sapore di una città distrutta nel corpo, ma non nell'anima.

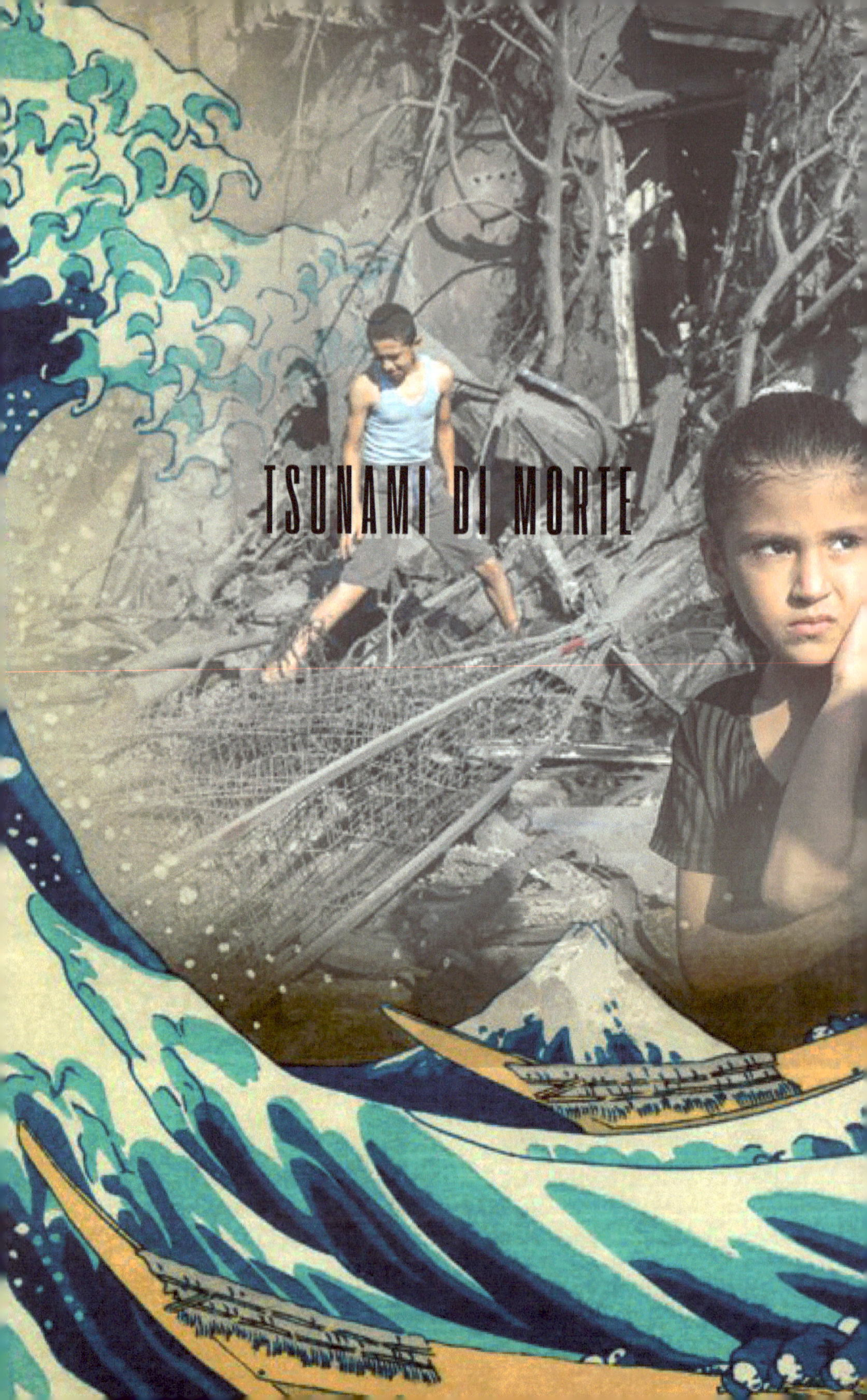

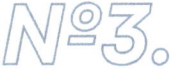

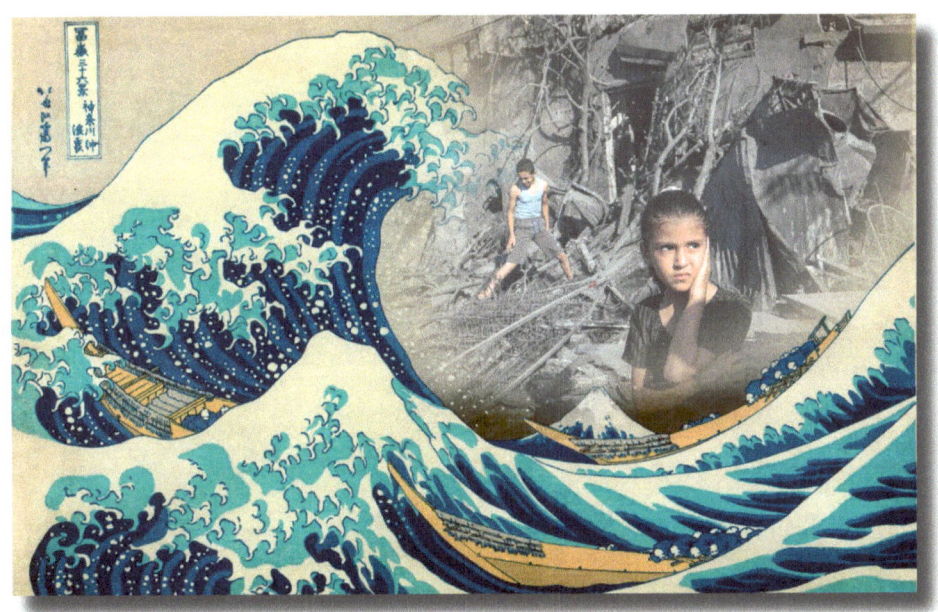

TSUNAMI DI MORTE

Sono le 7 del mattino, Myke, indossa la muta, ha le mani nude e senti l'acqua del mare sulla punta delle dita. I suoi lunghi capelli tra mogano e tocchi di grano sono mossi dal vento. Il suo corpo, apparentemente fatto di carne con l'apparenza di uno di quei corpi ancora studiati nelle lezioni di storia dell'arte del periodo ellenistico, cerca l'onda perfetta, sdraiato sulla sua tavola da surf. Una enorme, che faccia sentire il potere di cavalcare Poseidone in persona. Un'onda così grande è una lotta tra la morte e il suo corpo titanico. Sa che il suo equilibrio è pronto per poter cavalcare qualsiasi onda. Dopotutto, è un campione olimpico.

Dall'altra parte del mondo è mezzanotte ma il cielo è illuminato dal fuoco che consuma la città. Il sonno è un lusso che pochi possono permettersi in tempo di guerra. L'oscurità parziale offre una protezione appena sufficiente per poter camminare tra i resti di quella che una volta era una piazza. I ciottoli che formavano i marciapiedi sono stati sostituiti da qualcosa di più morbido, di più... Malak, 5 anni, non sa cosa sia. Sua madre gli ha detto di non guardare in basso, ma solo in avanti. Ma la curiosità della sua età gli fece scoprire che quella massa molle era la pancia di un uomo che dormiva, senza respirare, sul marciapiede, in un letto cremisi e appiccicoso. "Come sono strani gli adulti", pensò, "dormono ovunque, senza respirare".

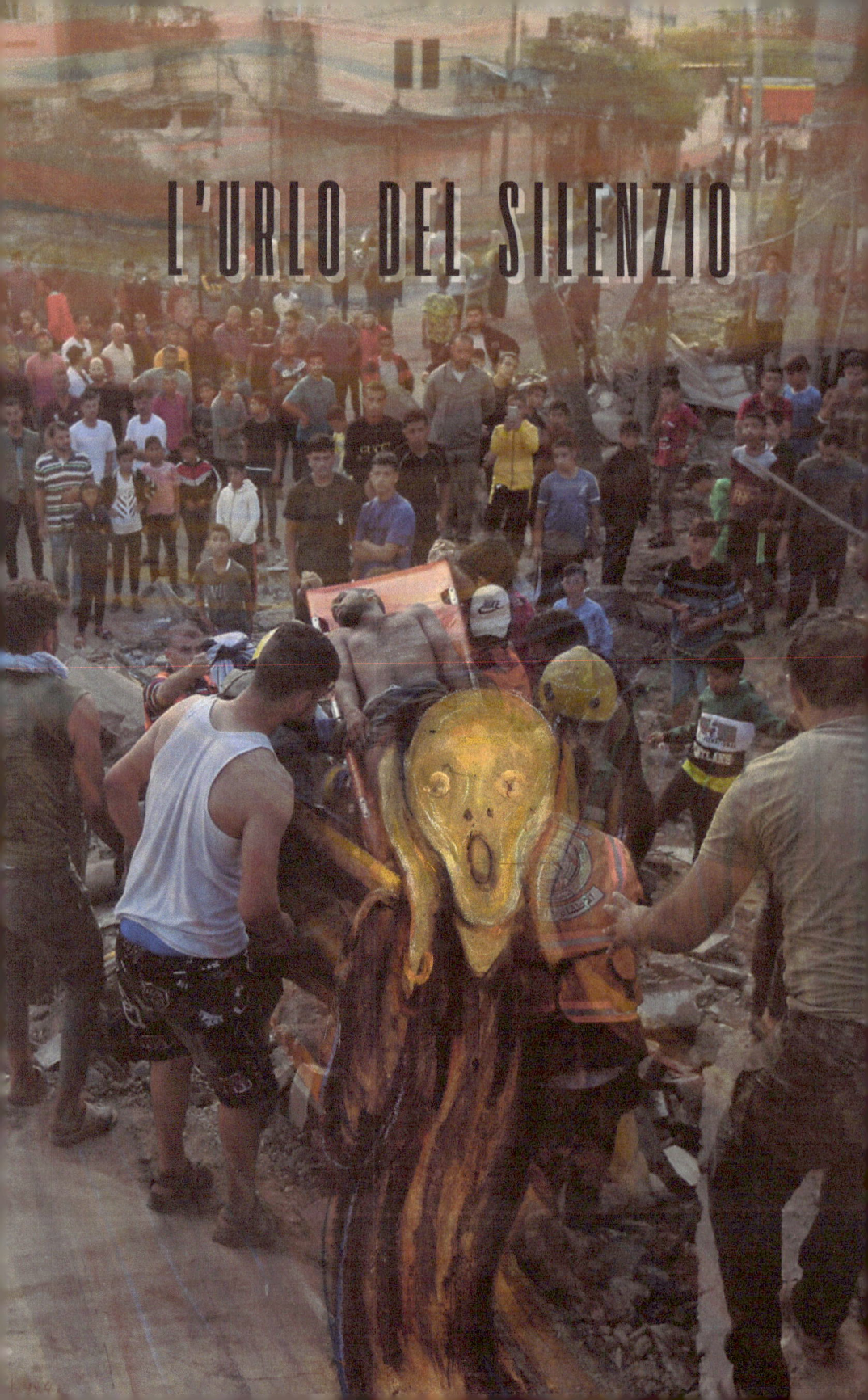

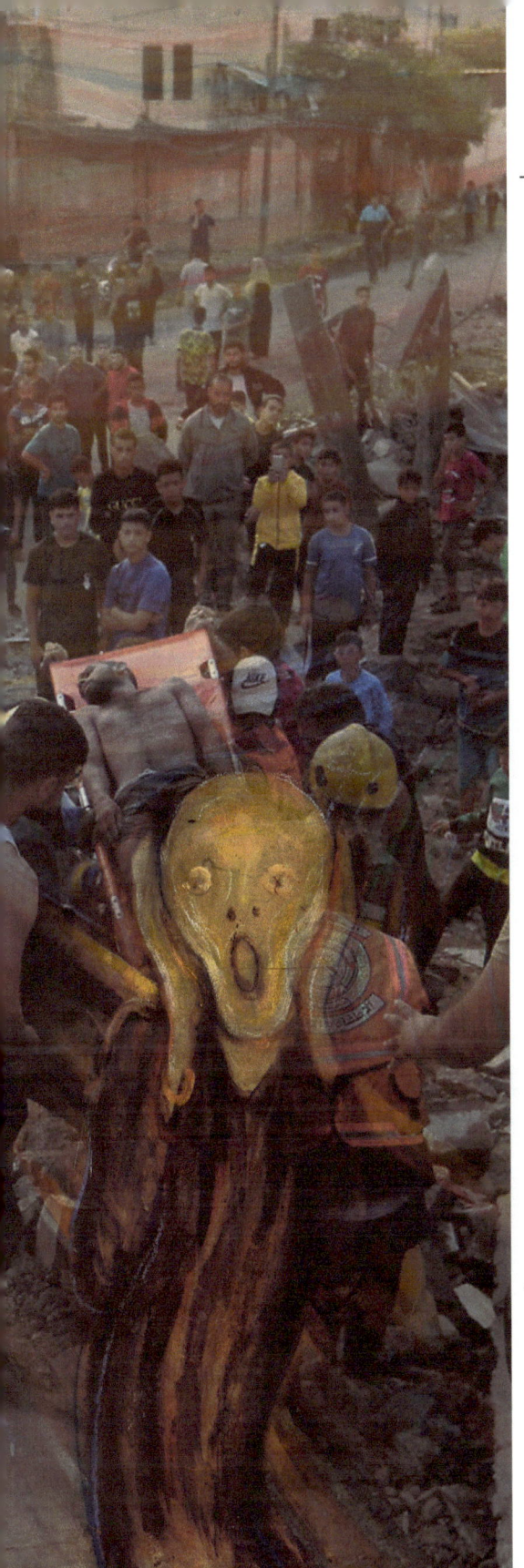

L'URLO DEL SILENZIO

"IL SILENZIO È SOPRAVVALUTATO"

Said osserva suo padre urlare. Lui che si arrabbiava sempre quando il rumore in casa era più assordante di una zanzara. Casa, qualcosa che non esisteva più. L'ultima bomba è caduta sulla sua casa. Said era in classe in quel momento. Mentre suo padre aveva deciso di continuare la sua vita, lavorando, e sua madre era andata a cercare cibo per sopravvivere. "Sopravvivere, cosa significherebbe?" si chiese Said la prima volta che udì quella parola; "Non sono sempre sopravvissuti?"

Said aveva 7 anni ed era felice. Perché non dovevo andare a lezione. Suo padre gli aveva detto "Studiare è inutile. Per governare, per comandare il paese o il mondo, devi essere itioda, disumano. Questa è la prova", esclamava indicandoci intorno, in mezzo ai resti della nostra casa.

Forse papà aveva ragione. Ma Said voleva essere un pilota di F1, non governare il mondo. "Magari per cose più semplici se fosse necessario studiare" pensò Said.

N°4.

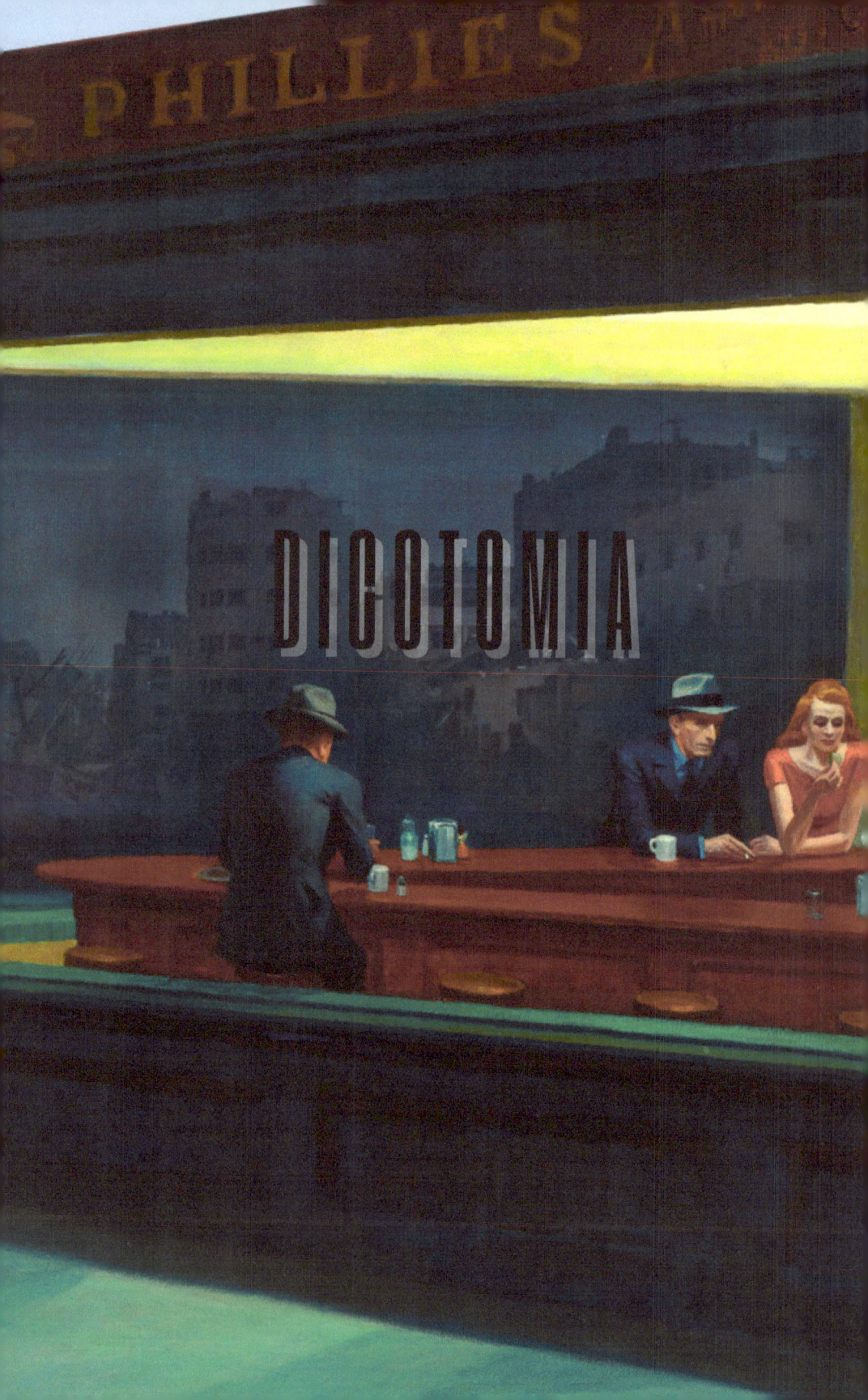

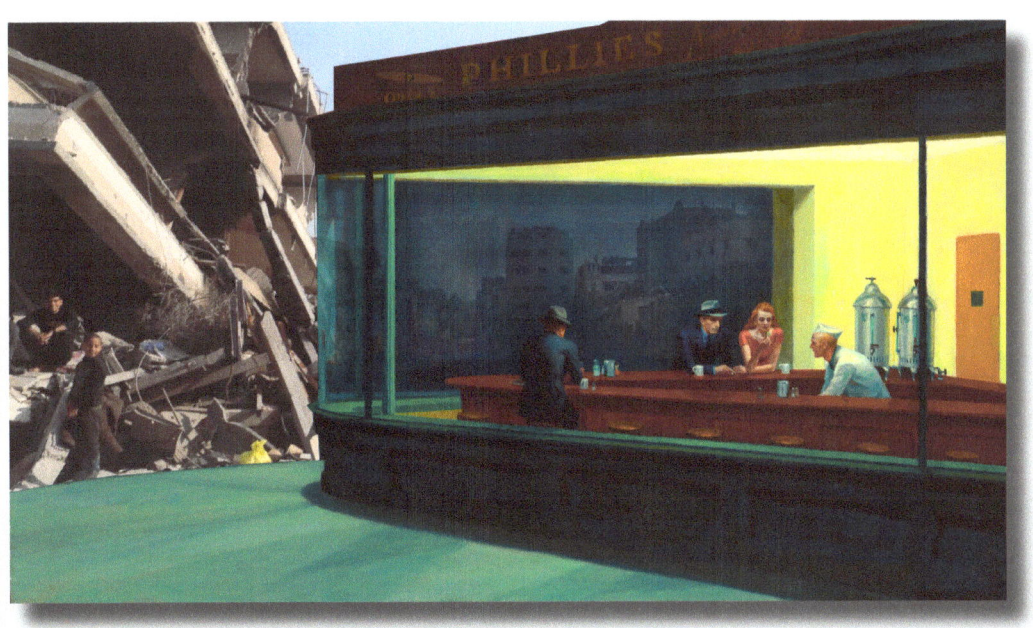

N°5.

L'inverno era arrivato a Central Park. John entrava nel bar ogni mattina e ordinava il suo caffè. Caldo e pieno di caffeina per affrontare una nuova giornata di lavoro. Wall Street bruciava a causa della guerra. Quei dannati Bitcoin giocavano "ora sì ora no", in un'altalena che lo faceva impazzire.

Avevo bisogno di energia per affrontare la giornata e riuscire a trarre qualche profitto. Al bar c'era May, John in realtà non conosceva il suo nome ma era la donna più bella che avesse mai visto. Più che la moglie, l'asino era già una vecchia dalla faccia brutta. Ma May, con i suoi capelli rossi e due occhi come ghiacciai, lo aveva conquistato. John rise cupamente, pensando all'ironia del fatto che i suoi guadagni oggi dipendessero da quante persone sarebbero morte a 5.690 miglia di distanza.

———

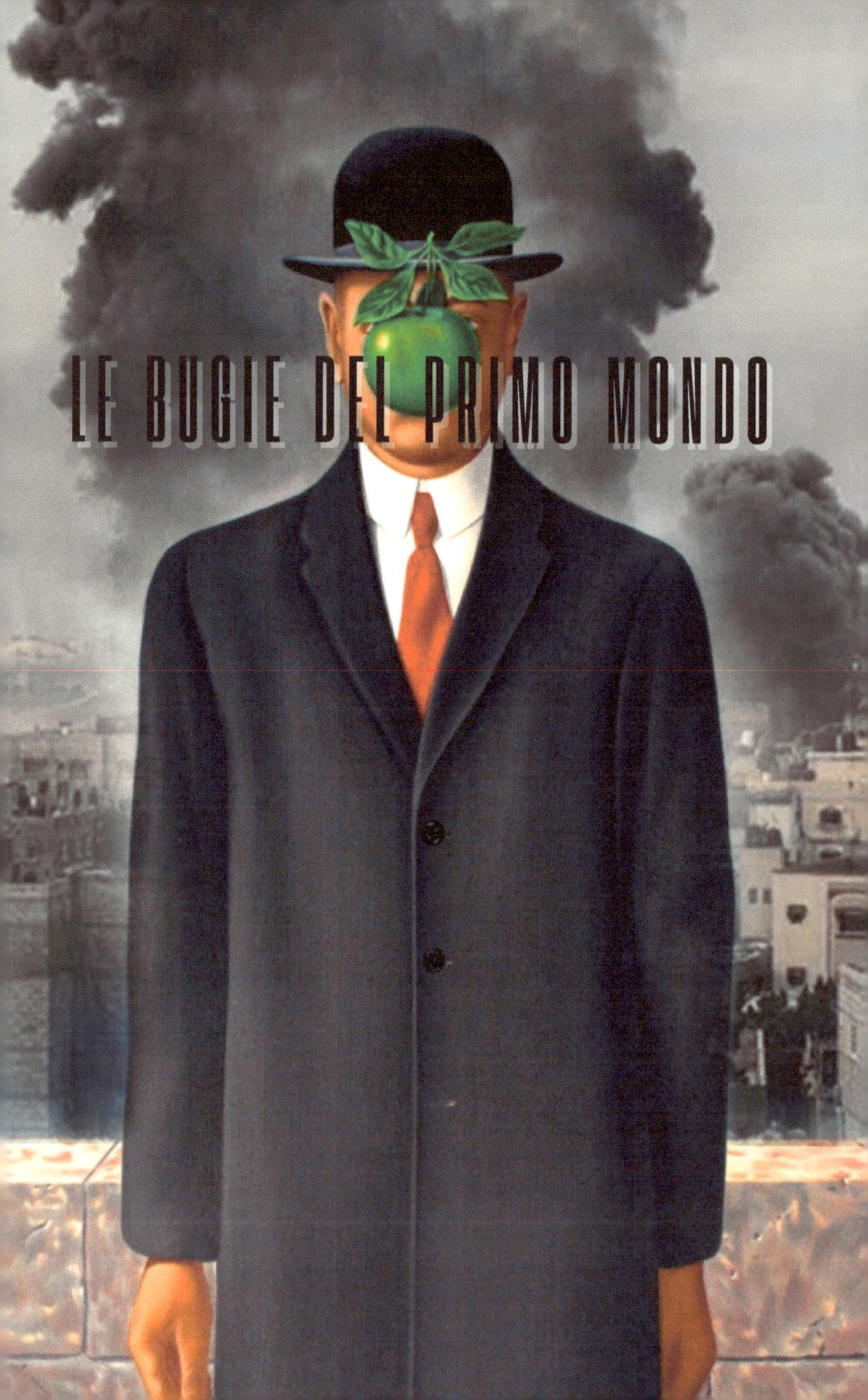

D'Angelo   AZIONE POETICA   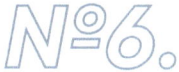
LE BUGIE DEL PRIMO MONDO

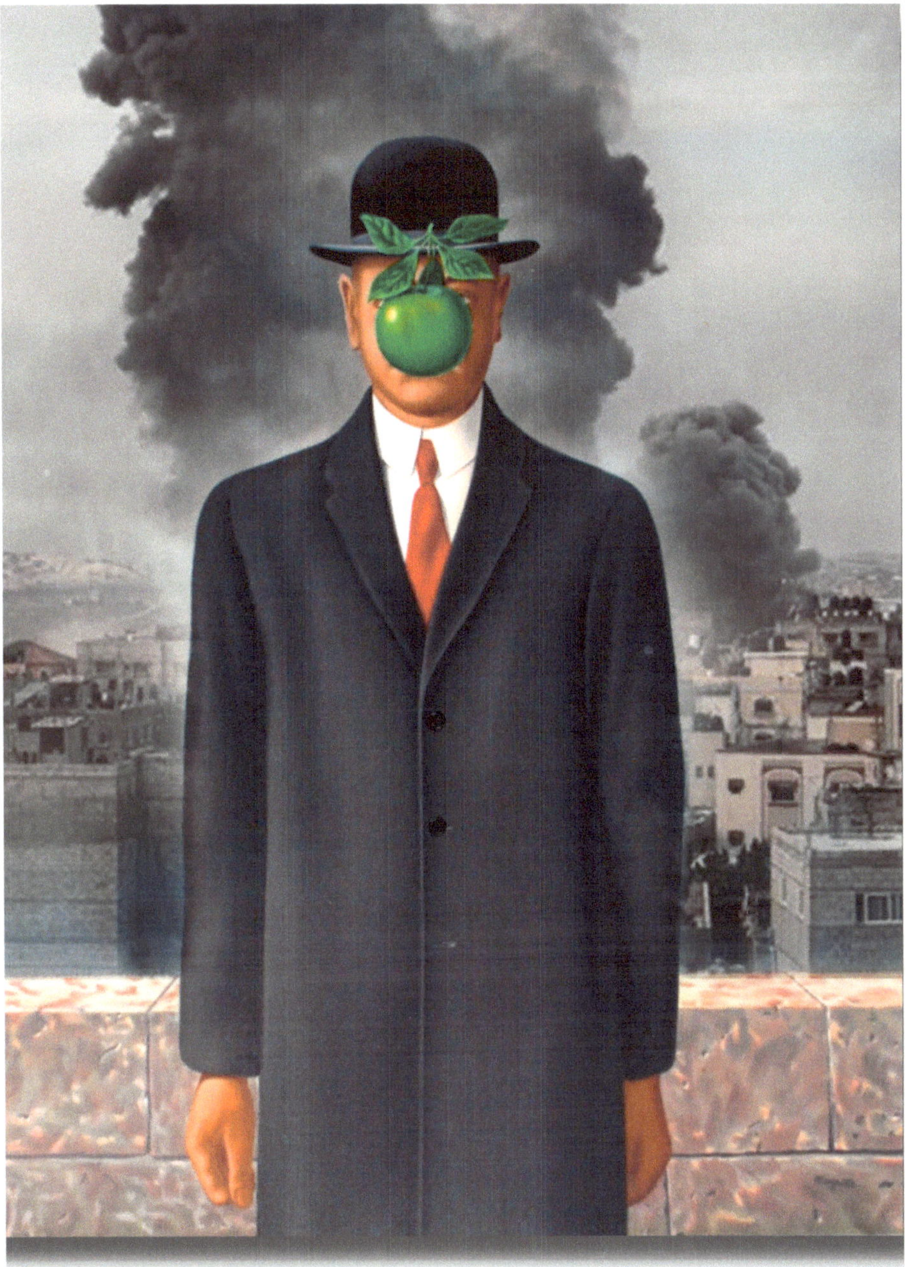

Vi aiuteremo (tutto a seconda del beneficio che otterremo dalla vostra morte) perché è ciò che va fatto

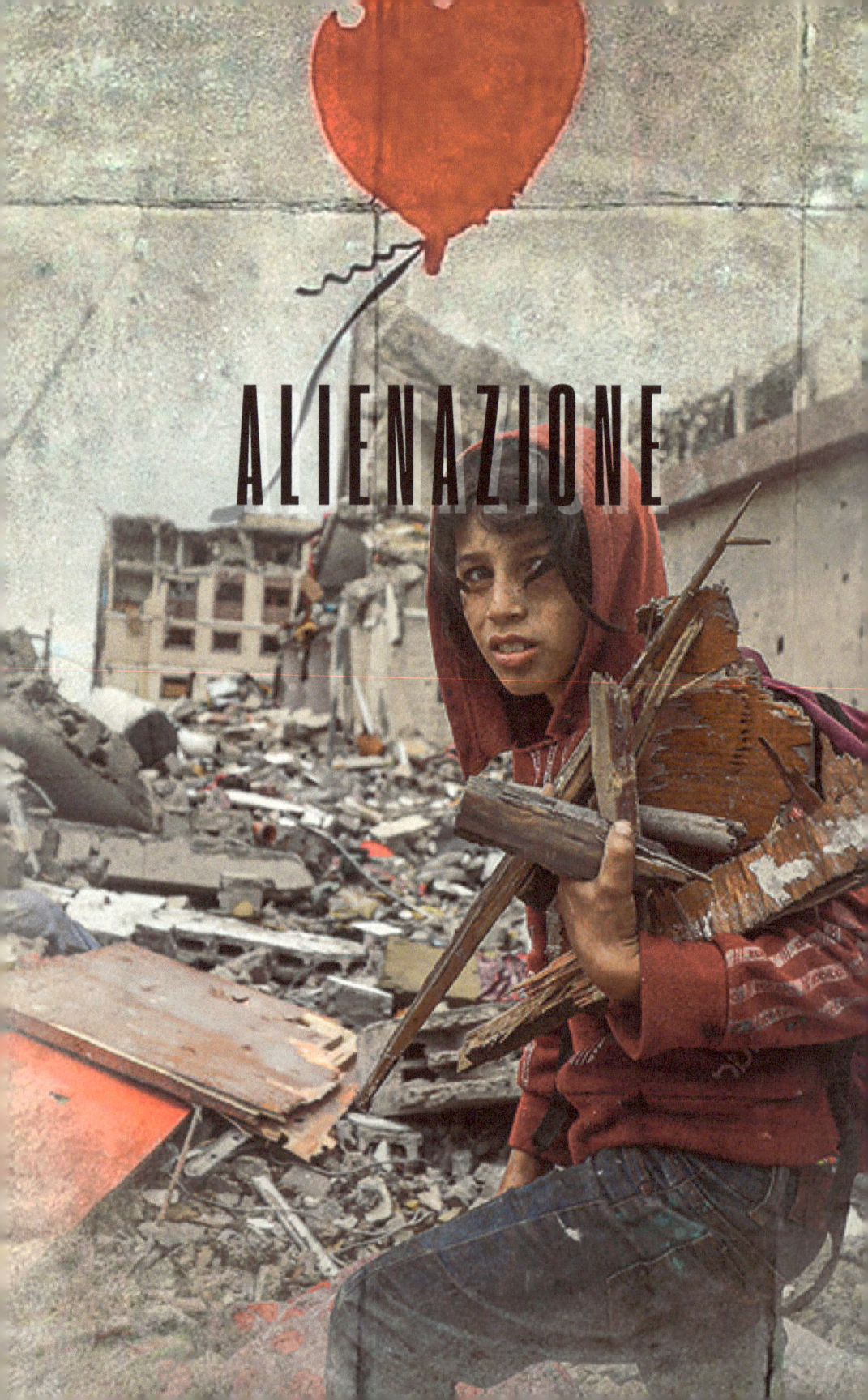

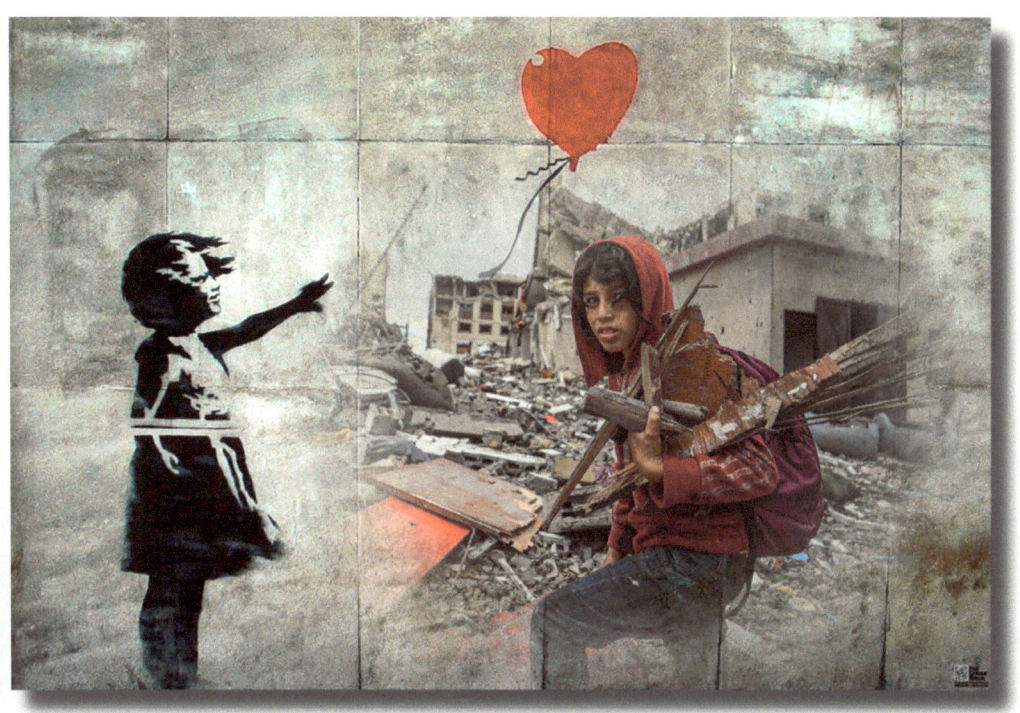

ALIENAZIONE

"Cazzo" esclamò Antonio guardando il cellulare. Instagram non funziona e neanche Tiktok. Sono caduti di nuovo. Antonio ha 23 anni, è un influencer che vive a Madrid e il suo pubblico aspetta il suo video quotidiano. In metro la gente lo ignora senza sapere di essere a pochi metri da una star dei social con più di due milioni di follower. Ok, il 40% sono bot acquistati, ma questo non conta o questo è quello che si è sempre detto. "E adesso cosa faccio?" si chiese. Nessuno capisce la durezza della vita di un influencer che vive nella capitale di un Paese europeo, servita da mezzi di trasporto, ristoranti, bar ad ogni angolo e un sistema sanitario gratuito.

"Cazzo," urlò Abdel quando sentì una scheggia conficcarsi nella sua mano. Stava raccogliendo tutta la legna che poteva dalle macerie di quel vecchio edificio, proprio come gli aveva chiesto suo padre, per accendere un fuoco di notte e non morire congelato. Abdel guardò la scheggia, ma non era una scheggia, era un chiodo di metallo arrugginito che gli era penetrato nella mano e gli attraversava il palmo da parte a parte.
Abdel aveva 13 anni e voleva andare a lezione ma suo padre gli aveva detto che era per i ricchi, per tempi migliori. Abdel aveva visto come la sua vita era cambiata da un giorno all'altro. Con la caduta delle prime bombe smise di andare a lezione, di poter giocare a calcio con i suoi amici, di mangiare tre volte al giorno e, soprattutto, di poter sognare un futuro fuori da quel, come diceva suo padre, "lager .".

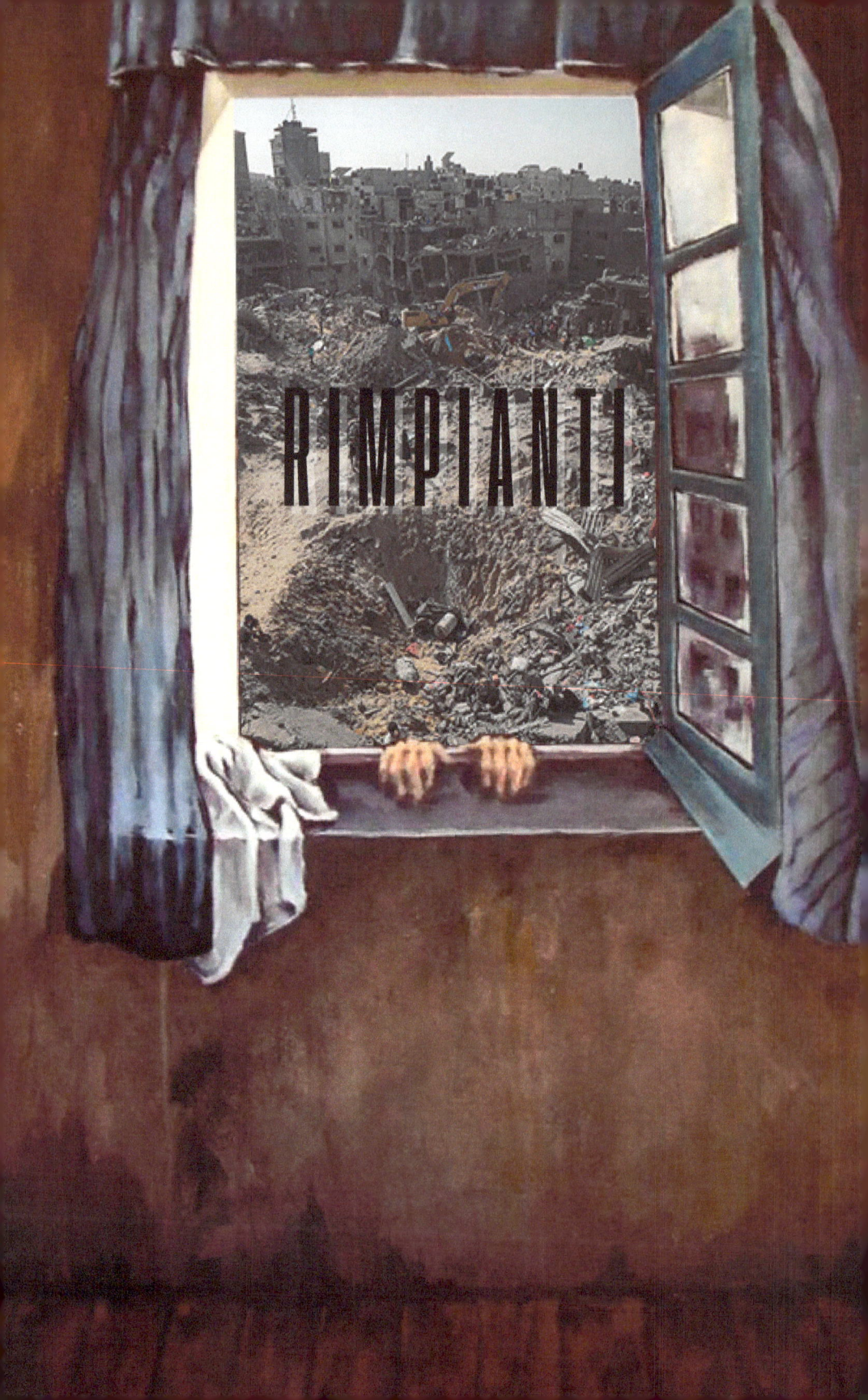

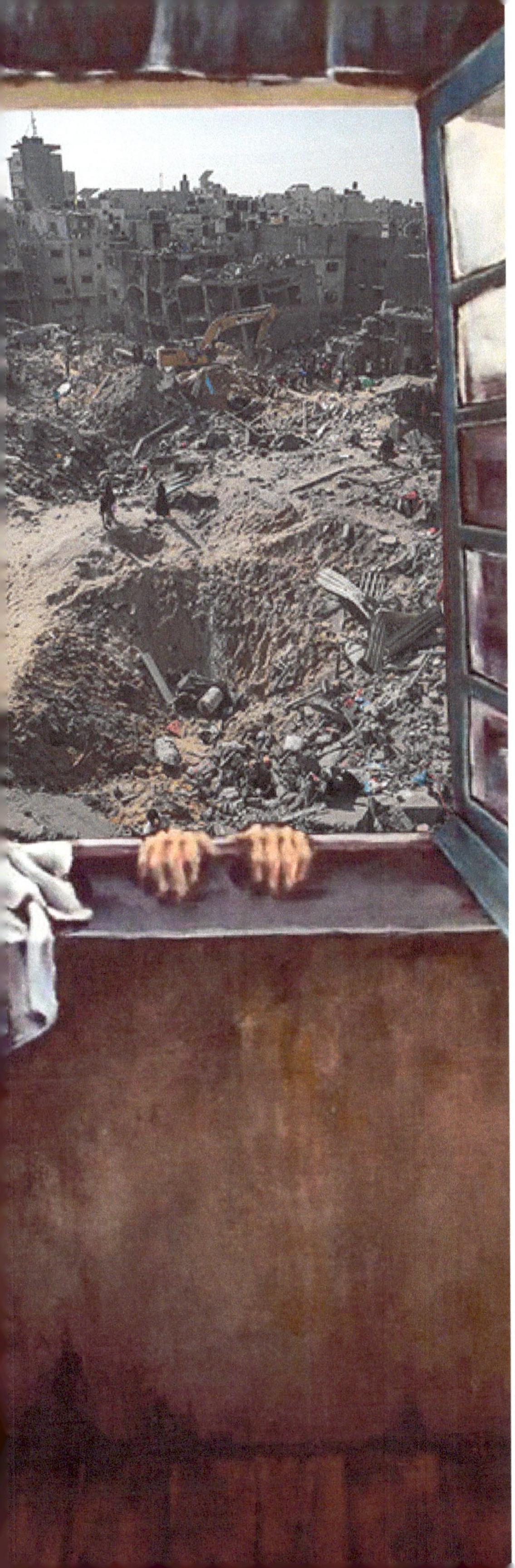

RIMPIANTI

COSA FACCIO QUI?

Christian prese la sua macchina fotografica e iniziò a scattare foto. Attraverso il suo teleobiettivo poteva vedere la crudeltà di quel genocidio. Inviato da una rivista prestigiosa, ogni foto rappresentava tre cifre che aumentavano il suo conto in banca. Aveva affittato un appartamento per meno del costo di un caffè nella sua città e con il pagamento di ogni fotografia poteva pagarsi una casa con le sue comodità per più di sei mesi lì. Questo lo faceva riflettere mentre scattava fotografie parallele agli scatti dei soldati che erano entrati in città.

Una cosa che avevano in comune; Christian scattava foto, loro sparavano proiettili, indipendentemente dal fatto che quelli davanti a loro fossero uomini, bambini, donne, neonati... l'importante per i soldati sembrava essere che i cittadini affamati smettessero di cercare di prendere cibo da un camion che in teoria veniva ad alleviare la situazione dolore in quella zona.

"Un osservatore, ecco cosa sono" pensava Chris, come si faceva chiamare tra i suoi amici. Un pensiero che lo ferì. "A cosa serve questo? Potrei fare di più?" Questo fu l'ultimo pensiero che ebbe il tempo di formulare. Il suo teleobiettivo non aveva il filtro CPR e i riflessi avevano attirato l'attenzione di uno dei soldati, che, scambiandolo per un cecchino, scambiò la sua ultima fotografia con una pallottola.

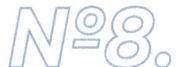

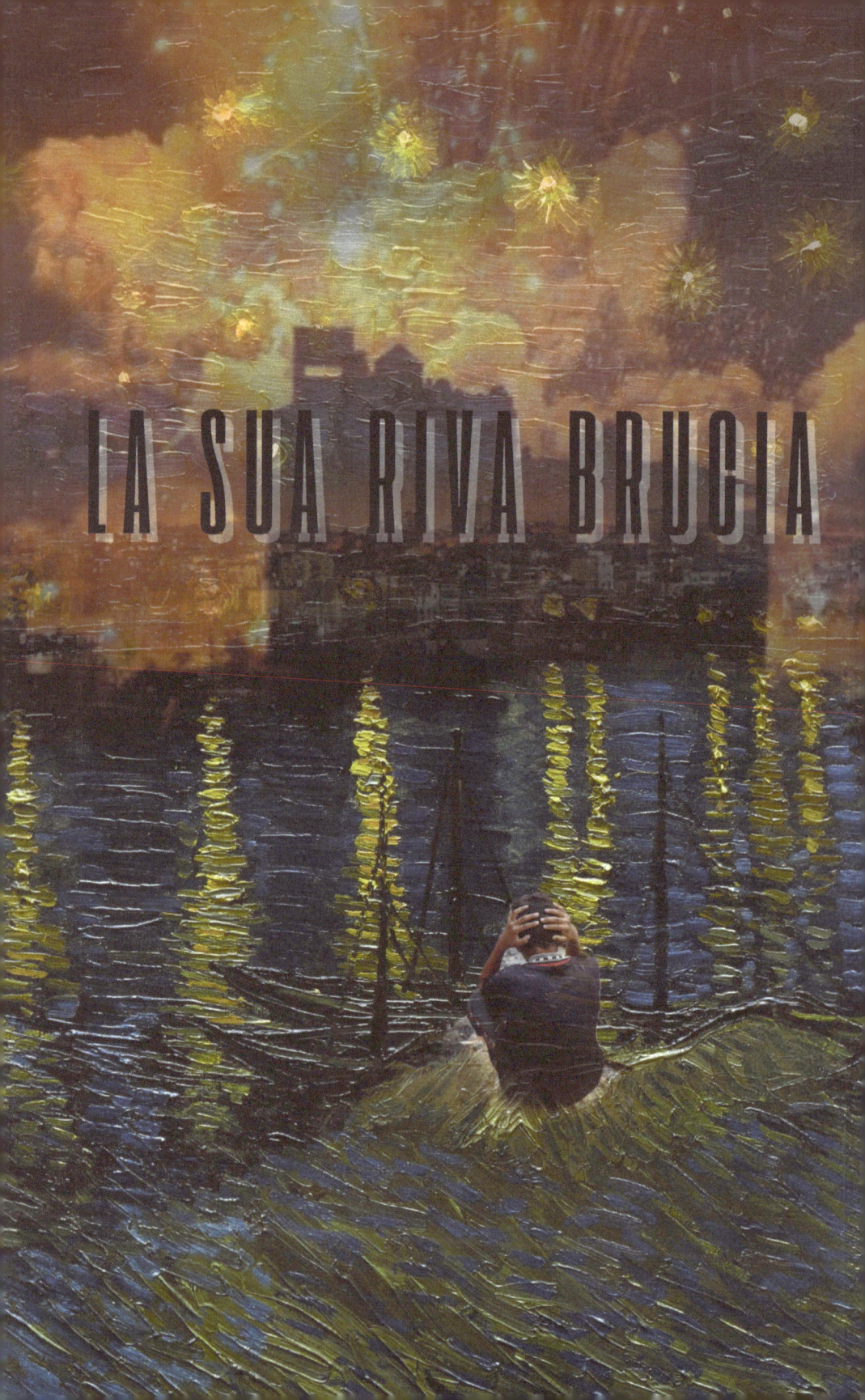

LA SUA RIVA BRUCIA

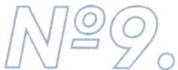

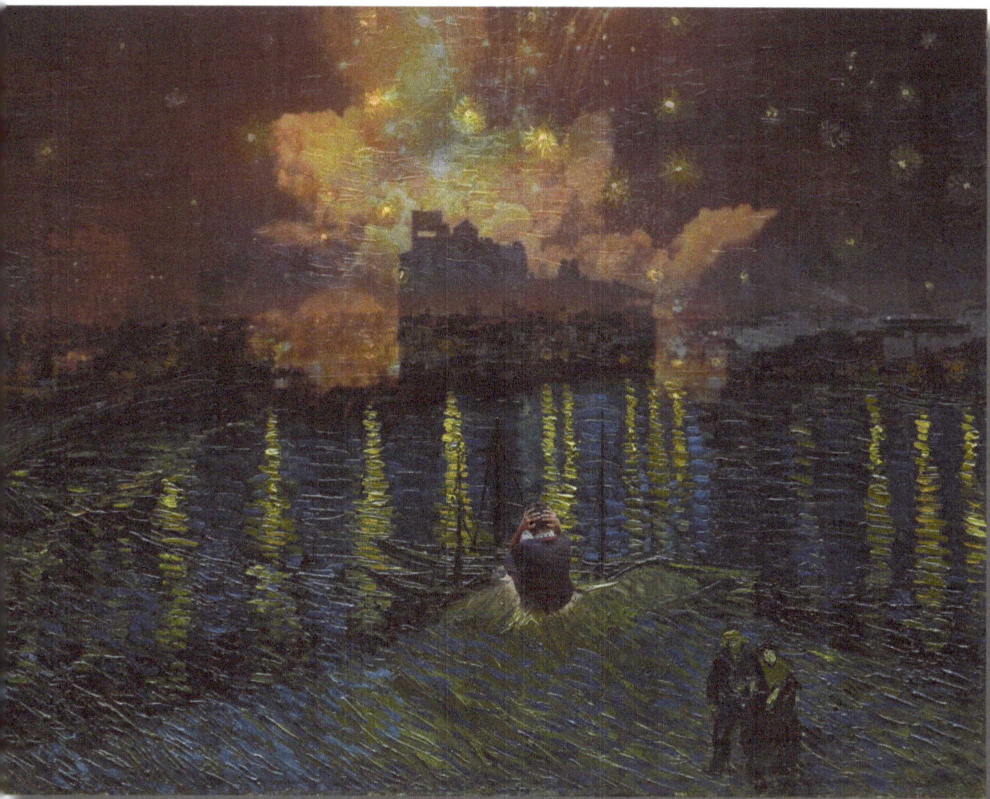

"Non succede niente, non sono affari miei" la frase più ripetuta per giustificare quasi ogni innominia. Vediamo l'altra sponda del fiume in fiamme ma crediamo che l'acqua che ci separa rimarrà sempre lì, essendo la barriera che ci protegge.
Ma il fuoco ha imparato a camminare sulla terra, a volare nell'aria e a navigare sulle acque.

D'Angelo AZIONE POETICA

E ADESSO?

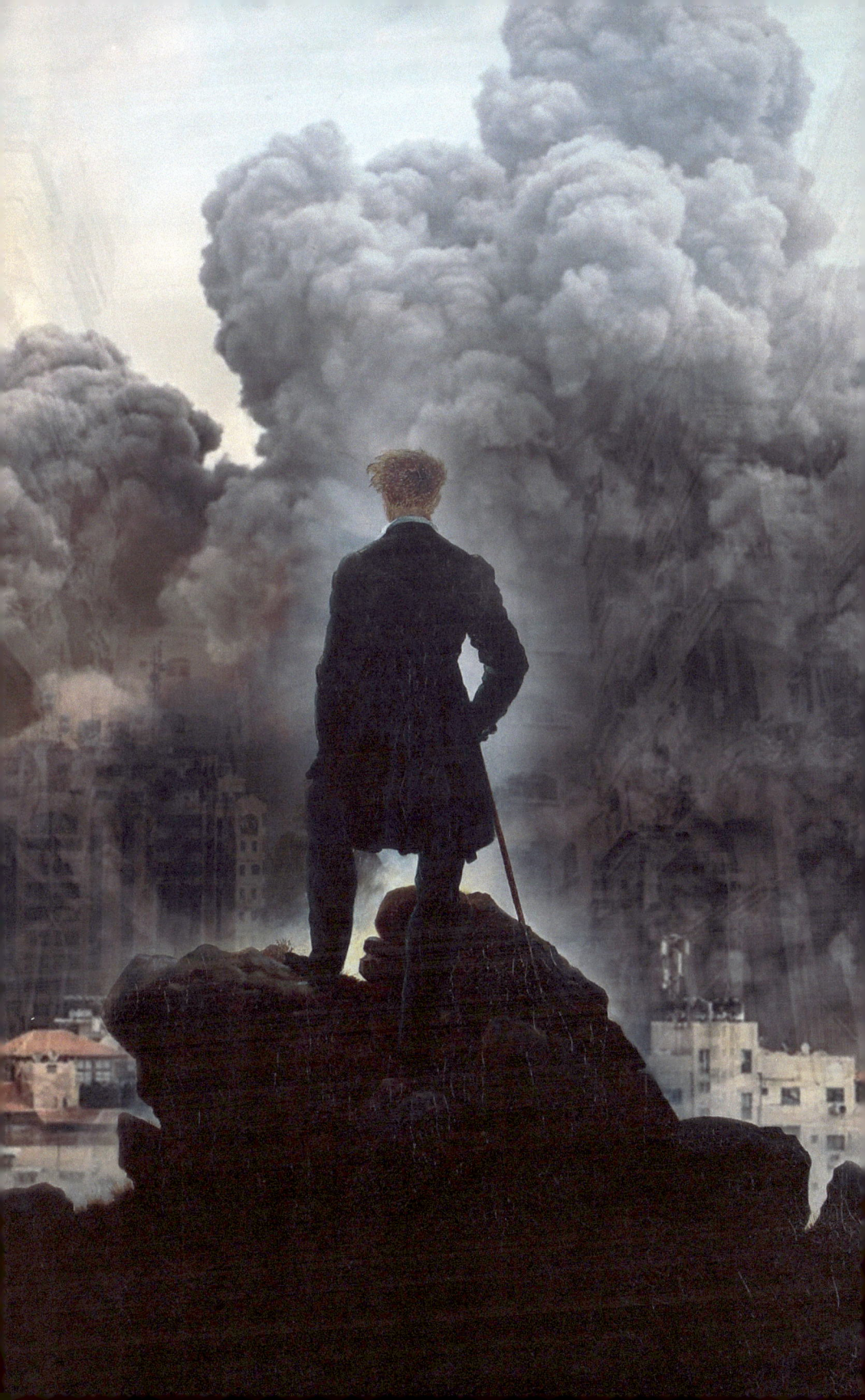

www.ingramcontent.com/pod-product-compliance
Lightning Source LLC
Chambersburg PA
CBHW040350220526
45473CB00009B/2840